또박또박 세고재는 말

우리말 표현력 활동책 3

또박또박 세고 재는 말 _단위 표현

초판 1쇄 발행 2017년 12월 8일
초판 2쇄 발행 2022년 11월 2일

글　금해랑
그림　박연옥

펴낸곳 도서출판 개암나무(주)
펴낸이 김보경
경영관리 총괄 김수현　**경영관리** 배정은
편집 조원선 오누리　**디자인** 김효정　**마케팅** 강혜수 박진호
출판등록 2006년 6월 16일 제22-2944호

주소 서울특별시 용산구 한남대로40길 19, 4층(한남동, JD빌딩) (우)04417
전화 (02)6254-0601, 6207-0603　**팩스** (02)6254-0602　E-mail gaeam@gaeamnamu.co.kr
개암나무 블로그 http://blog.naver.com/gaeamnamu　개암나무 카페 http://cafe.naver.com/gaeam

ⓒ 금해랑, 박연옥, 2017
이 책의 저작권은 저자에게 있습니다. 저자와 출판사의 허락 없이 내용의 일부를 인용하거나 발췌하는 것을 금합니다.

ISBN 978-89-6830-433-0 74700
ISBN 978-89-6830-290-9 (세트)

이 도서의 국립중앙도서관 출판시도서목록(CIP)은 서지정보유통지원시스템 홈페이지(http://seoji.nl.go.kr)와
국가자료공동목록시스템(http://www.nl.go.kr/kolisnet)에서 이용하실 수 있습니다.
(CIP제어번호: CIP2016013953)

품명 아동 도서 | **제조년월** 2022년 11월 2일 | **사용연령** 6세 이상
제조자명 개암나무(주) | **제조국명** 대한민국 | **전화번호** 02-6254-0601
주소 서울특별시 용산구 한남대로40길 19, 4층(한남동, JD빌딩)

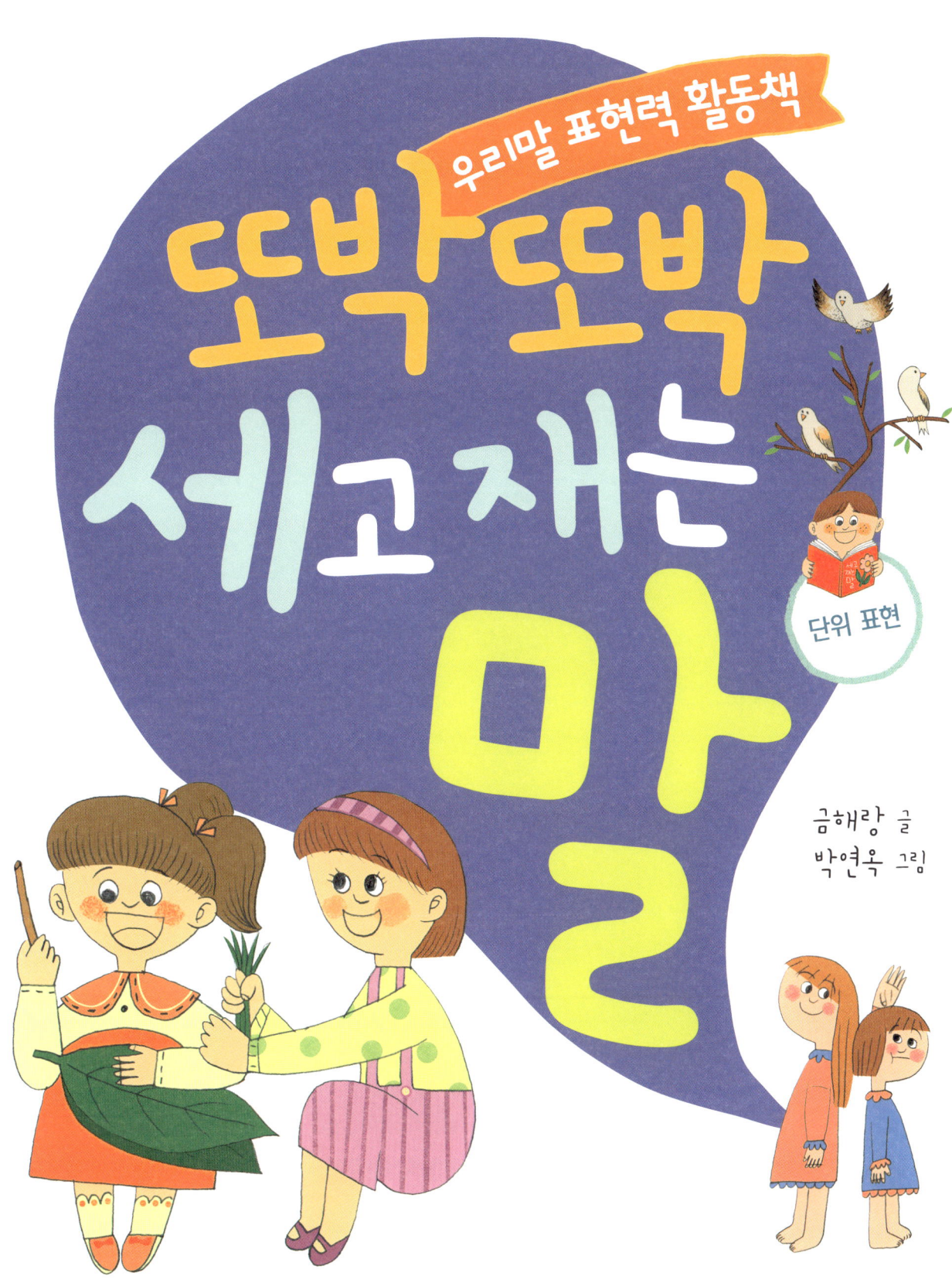

작가의 말

또박또박 우리말로 세고 재요!

한국어를 배우는 몇몇 외국인 친구들이 한국어가 노래 같다고 이야기해요. 우리말이 강세나 높낮이가 뚜렷한 언어는 아닌데, 왜 노래처럼 들린다고 할까요? 어느 날 영어를 계속 듣다가 우리말을 들었는데 그때 우리말 소리가 정말 노래처럼 예쁘게 들리더라고요. 그리고 우리말은 소리와 의미가 참 잘 어울린다는 생각이 들었지요.

스위스의 언어학자 소쉬르는 말의 소리와 의미는 아무 관계가 없다고 했어요. 그런데 우리말을 가만히 들어 보면 소리와 의미가 짝을 이룬다는 느낌이 들어요.

사물을 셀 때 쓰는 말도 사물과 잘 어울려요. 나무 한 그루, 풀 한 포기, 꽃 한 송이……. 그루는 나무를 세는 데, 포기는 풀을 세는 데, 송이는 꽃을 세는 데 가장 어울리는 소리 같아요. 나무 한 개, 풀 한 개, 꽃 한 개라고 셀 때보다 나무와 풀과 꽃을 소중히 여기는 마음이 더 담기는 것 같고요.

그루, 포기, 송이와 같은 말을 '단위'라고 해요. 단위는 수, 양, 길이, 무게, 시간, 크기 들을 세거나 재는 데 바탕이 되는 기준을 말해요. 우리말에는 단위를 나타내는 다양한 말들이 있어요.

오늘날은 거의 모든 나라에서 길이를 잴 때는 미터(m), 무게를 잴 때

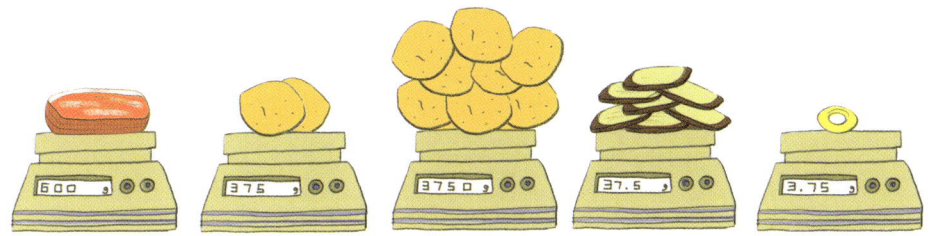

는 킬로그램(kg), 부피를 잴 때는 리터(ℓ)를 기본 단위로 하는 '미터법'을 써요. 미터법을 쓰기 전에 지역마다 길이나 무게를 재는 단위가 달라서 문제가 많았거든요. 미터법은 프랑스에서 150년 전쯤에 만들어졌는데, 우리나라도 1964년부터 미터법에 따른 단위를 쓰고 있어요. 그러다 보니 치, 자, 뼘, 아름, 리, 냥과 같은 고유한 우리말 단위들이 낯설게 들려요. 하지만 '세 치 혀', '천 리 길', '코가 석 자' 같은 표현을 자주 만나게 돼요. 단위를 알면 이 표현들에 담긴 의미를 더욱 분명하게 이해할 수 있어요.

  이 책에서는 식당, 마당, 놀이터 등 우리가 자주 가는 장소에서 어떤 단위들을 쓰는지 알아볼 거예요. 단위를 나타내는 말을 익힐 때 무조건 외우려고 하지 마세요. 물 한 모금, 모래 한 줌, 쌀 한 톨······. 의미를 생각하며 또박또박 읽어 보세요. 그리고 소리가 주는 느낌을 그림으로 떠올려 봐요. 무언가를 세고 잴 때 단위를 바르게 사용하면 우리말을 더욱 풍성하고 아름답게 쓸 수 있답니다.

금해랑

차례

식당에서 어떻게 세지? · · · · · 8
| 명, 사람, 분, 인, 인분 |

마당에서 어떻게 세지? · · · · · 12
| 그루, 포기, 송이, 마리 |

문구점에서 어떻게 세지? · · · · · 16
| 자루, 다스(타), 장, 통, 개 |

옷 가게에서 어떻게 세지? · · · · · 20
| 벌, 짝, 켤레, 올 |

쌀가게에서 어떻게 세지? · · · · · 24
| 알, 톨, 되, 말, 섬(석) |

채소 가게에서 어떻게 세지? · · · · · 28
| 무더기, 꾸러미, 다발, 단, 접 |

과일 가게에서 어떻게 세지? · · · · · 32
| 개, 통, 알, 톨, 송이, 접 |

생선 가게에서 어떻게 세지? · · · · · 36
| 미, 마리, 손, 쾌, 두름, 축 |

 **부엌**에서 어떻게 세지?   40
| 술, 방울, 모, 모금, 끼 |

 **놀이터**에서 어떻게 세지?   44
| 땀, 줌, 움큼, 사리, 첩 |

 **경기장**에서 어떻게 세지?   48
| 줄, 회, 번, 판, 바퀴 |

 **여행지**에서 어떻게 세지?   52
| 대, 량, 척, 필, 박 |

 **서점**에서 어떻게 세지?   56
| 권, 행, 연, 편, 점 |

 **숲**에서 어떻게 재지?   60
| 뼘, 치, 자, 아름, 길, 리 |

시장에서 어떻게 재지?   64
| 근, 관, 돈, 냥 |

 정답   68

명, 사람, 분, 인, 인분

식당에서 어떻게 세지?

사람을 셀 때 쓰는 단위를 알아봐요.

명, 사람, 인

사람을 셀 때에는 '명'을 써요. '명' 대신 '사람'이나 '인'을 쓰기도 해요.

두 명 | 두 사람 | 이 인(2인)

분

높이는 사람을 셀 때에는 '명', '사람' 대신 '분'을 써요.

어른 두 분

할머니 세 분

인분

사람이 먹을 음식의 양을 나타낼 때 '인분'이라는 말을 써요. 사람을 셀 때 쓰는 '인' 뒤에 분량의 뜻을 더하는 '분'을 붙여서 만든 표현이에요.

나 혼자 3인분은 너끈히 먹을 수 있어!

1(일), 2(이), 3(삼), 10(십)과 같은 숫자 뒤에는 '인'을 쓰고, 한, 두, 세와 같은 우리말 뒤에는 '명', '사람', '분'을 써요. 또한 앞에 오는 말과 단위를 나타내는 말은 띄어 쓰는 것이 원칙이에요. 하지만 아라비아 숫자와 단위를 나타내는 말은 붙여 써도 된답니다.

삼ˇ인	3인(3 인)
다섯ˇ명	5명(5 명)
십ˇ인분	10인분(10 인분)

1. 명, 사람, 분, 인분에 ○표 하면서 읽어 보세요.

    ① 손님 열 분이 오셨다.

    ② 아이 다섯 명이 놀이터에서 논다.

    ③ 한 사람도 빠짐없이 차에 탔다.

    ④ 돼지갈비를 5인분 주문했다.

2. 빈칸에 알맞은 말을 보기 에서 골라 대화를 완성하세요.

    보기   **명, 사람, 분, 인, 인분**

    🧒 아이 네 ①□ 에 어른 두 ②□ 이시면 여기에 앉으세요.

    👩 세 ③□ 이 더 올 거예요.

    🧒 그럼 더 넓은 자리로 안내할게요. 이쪽으로 오세요.

    👧 김밥 3 ④□ 에 떡볶이 2 ⑤□ 을 주문할까요?

    👦 튀김이랑 만두도 먹고 싶어요.

3. 그림을 보고 알맞은 것끼리 선을 이으세요.

4. 빈칸에 알맞은 말을 보기 에서 골라 문장을 완성하세요.

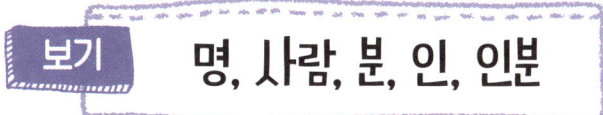

보기   명, 사람, 분, 인, 인분

① 생일잔치에 친구 세 ☐ 이 왔다.

② 혼자 사는 사람을 위한 1 ☐ 용 밥솥이 있다.

③ 셋이서 불고기 5 ☐ ☐ 을 먹었다.

④ 화장실에 갔던 두 ☐ ☐ 이 돌아왔다.

⑤ 선생님 다섯 ☐ 이 새로 오셨다.

정답은 68쪽에 있어요!

그루, 포기, 송이, 마리

마당에서 어떻게 세지?

식물과 동물을 세는 단위를 알아봐요.

그루
나무는 '그루'로 세요.

한 그루   두 그루   세 그루

포기
뿌리를 기준으로 식물을 셀 때는 '포기'를 써요.

한 포기   두 포기   세 포기

송이
· 꼭지에 달린 꽃이나 열매를 셀 때는 '송이'를 써요.

마리
짐승, 물고기, 벌레 같은 동물은 '마리'로 세요.

장미 한 송이

포도 두 송이

사자 한 마리

미꾸라지 두 마리

개미 세 마리

1. 그루, 포기, 송이, 마리에 ○표 하면서 읽어 보세요.

① 뒤뜰에 감나무 한 그루가 있다.

② 꽃밭에 봉숭아 몇 포기를 심었다.

③ 포도 두 송이를 나 혼자 다 먹었다.

④ 새 몇 마리가 나무로 날아왔다.

2. 빈칸에 알맞은 말을 보기 에서 골라 대화를 완성하세요.

보기   그루, 포기, 송이, 마리

- 대문 옆에는 무슨 나무를 심을까요?
- 살구나무를 두 ① ☐ 심어요.
- 수돗가에는 나리꽃을 몇 ② ☐ 심으면 예쁘겠네요.
- 장미가 한 ③ ☐ 피었어요.
- 저는 강아지를 많이 키우고 싶어요.
- 몇 ④ ☐ 나 키우고 싶은데?
- 음, 열 ⑤ ☐ ?

열 마리는 너무 많은걸.

3. 그림을 보고 빈칸에 알맞은 말을 보기 에서 골라 쓰세요.

> **보기** 그루, 포기, 송이, 마리

① 고등어 두 ☐☐   ② 나무 한 ☐☐

③ 배추 세 ☐☐   ④ 포도 두 ☐☐

4. 빈칸에 알맞은 말을 보기 에서 골라 문장을 완성하세요.

> **보기** 그루, 포기, 송이, 마리

① 장미 여러 ☐☐ 로 꽃다발을 만들었다.

② 고래 두 ☐☐ 가 물 위로 솟구쳐 올랐다.

③ 동생과 오징어 한 ☐☐ 를 먹었다.

④ 병든 소나무 세 ☐☐ 를 베었다.

⑤ 텃밭에서 상추 몇 ☐☐ 를 뽑았다.

정답은 68쪽에 있어요!

자루, 다스(타), 장, 통, 개

문구점에서 어떻게 세지?

준비물을 사러 가자.

연필은 한 다스로 사지 말고 몇 자루만 사자. 도화지는 몇 장 있어야 하지?

도화지는 열 장이요. 색종이 스무 장이랑 크레파스 한 통도 필요해요.

가위와 풀은 각각 한 개씩 사야 하고요.

학용품 등의 물건을 세는 단위를 배워 봐요.

자루, 다스(타)
필기도구나 무기와 연장을 셀 때 '자루'를 써요. '다스'는 물건 열두 개를 묶어 세는 단위예요. 다스 대신 '타'를 쓰기도 해요.

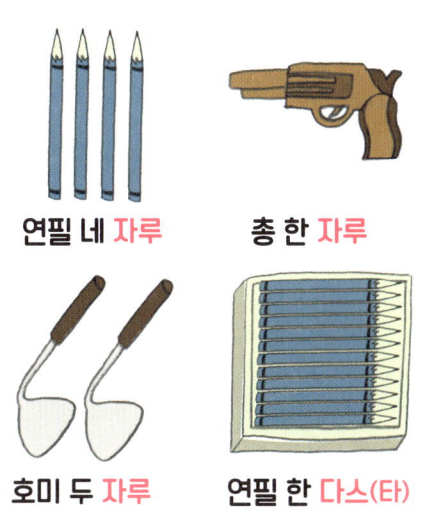

연필 네 자루   총 한 자루
호미 두 자루   연필 한 다스(타)

장
종이처럼 얇고 넓적한 물건을 셀 때는 '장'을 써요. 수건이나 유리도 '장'으로 세요.

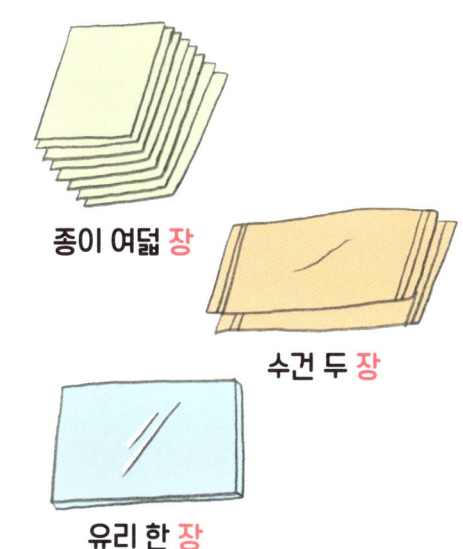

종이 여덟 장
수건 두 장
유리 한 장

통
나무, 종이, 쇠, 플라스틱 등의 그릇에 담긴 물건을 셀 때 '통'을 써요. 여러 개의 크레파스나 물감이 한 그릇에 담겨 있으면 한 통이 되지요.

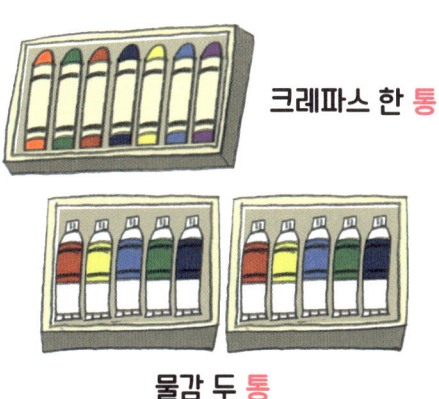

크레파스 한 통
물감 두 통

개
지우개, 필통, 가위, 풀 등의 물건을 셀 때 '개'를 써요. 개는 다양한 물건을 셀 때 두루두루 써요.

지우개 두 개
풀 세 개

1. 자루, 다스, 장, 통, 개에 ○표 하면서 읽어 보세요.

① 필통을 두 개 가지고 있다.

② 연필 세 다스를 선물 받았다.

③ 짝꿍이 빨간 색연필 한 자루를 주었다.

④ 종이접기를 하는 데 색종이 세 장을 썼다.

⑤ 문구점에서 크레파스 한 통을 샀다.

2. 빈칸에 알맞은 말을 보기 에서 골라 대화를 완성하세요.

보기   자루, 다스, 장, 통, 개

크레파스 한 ①☐ 이 여기에 있었네!

연필이 한 ②☐ 나 있어요.

쓸 연필을 두 ③☐ 꺼내 놓아야겠어요.

도화지도 여러 ④☐ 이 있구나.

지우개 한 ⑤☐ 가 바닥에 떨어져 있어요.

구석구석을 청소하다 보니 온갖 것을 다 찾았네!

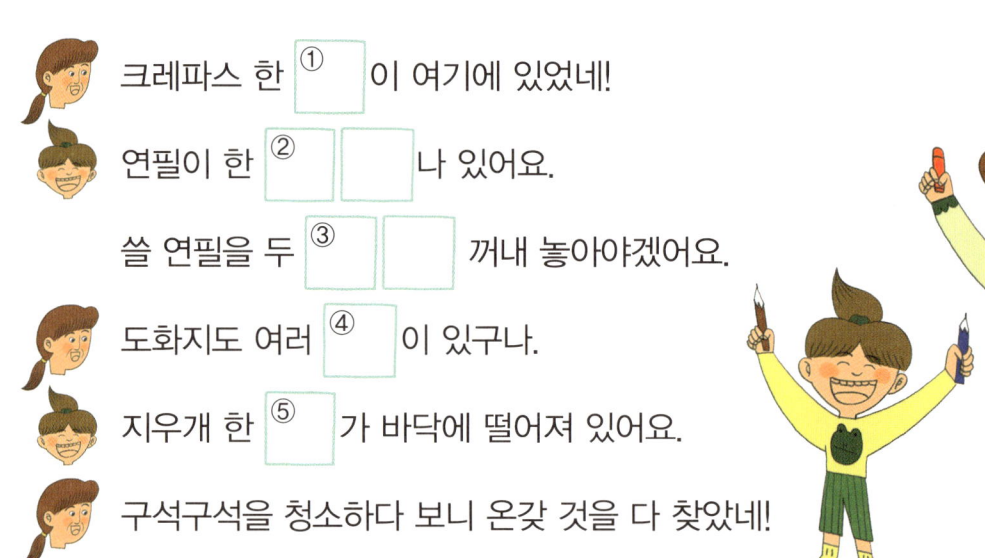

3. 그림을 보고 빈칸에 알맞은 말을 보기 에서 골라 쓰세요.

보기 자루, 다스, 장, 통, 개

① 연필 한 ☐ ☐

② 물감 한 ☐

③ 색연필 세 ☐ ☐

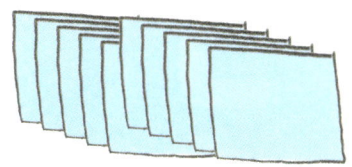

④ 색 도화지 열 ☐

4. 빈칸에 알맞은 말을 보기 에서 골라 문장을 완성하세요.

보기 자루, 다스, 장, 통, 개

① 물감 한 ☐ 을 몽땅 잃어버렸다.

② 풀 두 ☐ 와 종이 몇 ☐ 을 가져왔다.

③ 내 크레파스 한 ☐ 을 짝꿍과 같이 썼다.

④ 연필 한 ☐ ☐ 는 연필 열두 ☐ ☐ 이다.

정답은 68쪽에 있어요!

옷 가게에서 어떻게 세지?

벌, 짝, 켤레, 올

어서 오세요.

아이들 내의를 몇 **벌** 사려고요.

아, **짝** 없는 양말이 많으니까 양말도 다섯 **켤레** 주세요.

오늘 들어온 신상품도 한번 살펴보세요.

어머, 이 털모자는 한 **올** 한 **올**을 정말 촘촘하게 엮었네요!

옷이나 신발 등을 세는 단위를 알아봐요.

벌
옷을 셀 때는 '벌'을 써요.

한복 한 벌   윗옷 두 벌   바지 세 벌

짝, 켤레
둘이 어울려 한 쌍이나 한 벌을 이루는 것 중의 하나를 '짝'이라고 해요. 짝이 되는 두 개를 묶은 것은 '켤레'로 세요. 두 짝이 있어야 한 켤레가 되지요.

고무신 한 짝   운동화 두 켤레

올
뜨개옷이나 양말은 실을 엮어 만들어요. 이때 실의 가닥은 '올'로 세요. 머리카락이나 가느다란 줄을 셀 때도 올을 써요.

실 한 올   머리카락 다섯 올

1. 벌, 짝, 켤레, 올에 ◯표 하면서 읽어 보세요.

① 날이 추워서 내의를 두 벌이나 껴입었다.

② 가죽 장갑을 한 켤레 샀다.

③ 양말 한 짝에 구멍이 났다.

④ 현관에 신발 세 켤레가 가지런히 있다.

⑤ 뜨개질한 목도리에서 실 한 올이 풀려 나왔다.

2. 빈칸에 알맞은 말을 보기 에서 골라 대화를 완성하세요.

보기   **벌, 짝, 켤레, 올**

아동용 내의 세 ① ☐ 하고 양말 열 ② ☐ 를 주세요.

양말은 같은 걸로 드릴까요?

네. 한 ③ ☐ 을 잃어버려도 다른 ④ ☐ 과

신을 수 있게 같은 무늬로 주세요.

이 모자는 어떠세요?

손뜨개로 만든 거예요.

예쁘네요. 한 ⑤ ☐ 한 ⑥ ☐

정성껏 떴네요.

3. 그림을 보고 빈칸에 알맞은 말을 보기 에서 골라 쓰세요.

> **보기** 벌, 짝, 켤레, 올

① 윗옷 세 ▢

② 양말 네 ▢ = 양말 두 ▢ ▢

③ 한 ▢ 한 ▢ 정성껏 뜨개질한 모자

4. 빈칸에 알맞은 말을 보기 에서 골라 문장을 완성하세요.

> **보기** 벌, 짝, 켤레, 올

① 삼촌이 양복 한 ▢ 을 새로 샀다.

② 양말 두 ▢ ▢ 를 빨았다.

③ 바느질을 끝내고 바닥에 떨어진 실 몇 ▢ 을 치웠다.

④ 장갑 한 ▢ 을 잃어버렸다.

정답은 68쪽에 있어요!

쌀가게에서 어떻게 세지?

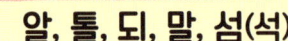 알, 톨, 되, 말, 섬(석)

곡식을 셀 때 쓰는 단위를 배워 봐요.

알
콩, 팥, 옥수수처럼 작고 둥근 곡식을 하나하나 셀 때 '알'을 써요.

검은콩 세 알   팥 다섯 알   옥수수 두 알

톨
쌀, 좁쌀 같은 곡식의 낱알은 '톨'로 세요. 밤과 마늘을 셀 때도 써요.

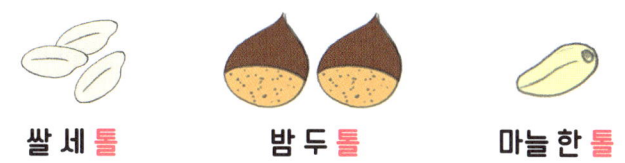

쌀 세 톨   밤 두 톨   마늘 한 톨

되
'되'는 곡식의 부피*를 재는 단위로, 한 되는 약 1.8리터예요. 1.8리터 콜라 한 병, 혹은 900밀리리터 우유 두 개와 비슷한 부피이지요. 1리터는 1000밀리리터와 같아요.

*부피 물건이 공간에서 차지하는 크기.

한 되 = 1.8리터짜리 콜라 한 병 또는 900밀리리터짜리 우유 두 개

말, 섬(석)
열 되가 모여 한 '말'이 돼요. 그래서 한 말은 18리터 정도예요. 열 말이 모이면 한 '섬'이에요. 한 섬은 180리터쯤이지요. 섬은 '석'으로도 쓸 수 있어요.

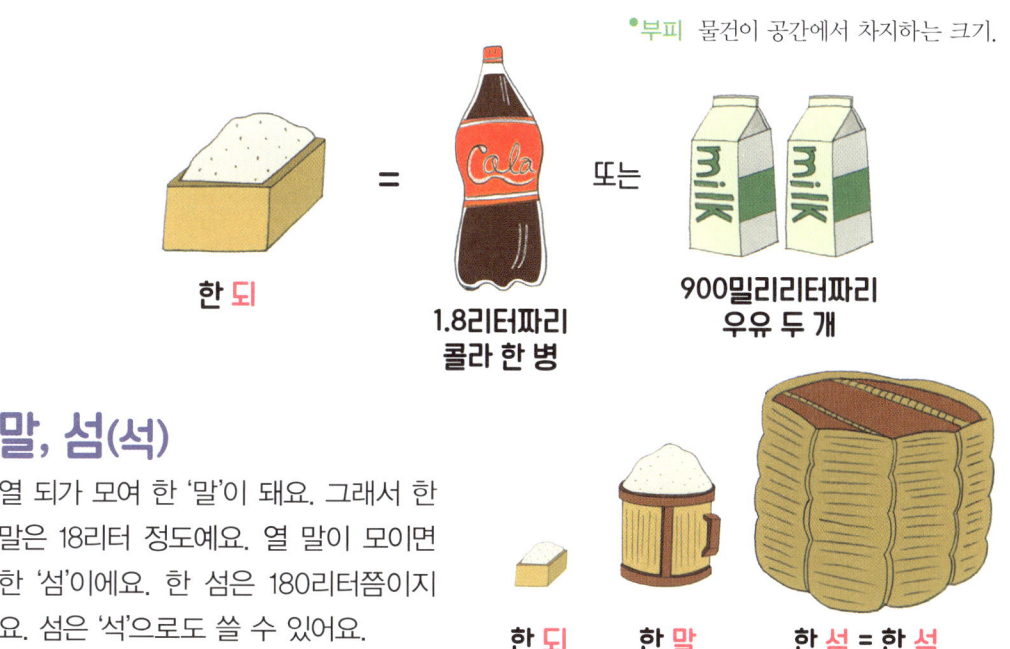

한 되   한 말   한 섬 = 한 석

1. 알, 톨, 되, 말, 석에 ○표 하면서 읽어 보세요.

① 할아버지는 쌀 한 톨도 함부로 버리지 않으신다.

② 농부는 새와 벌레도 먹어야 한다며 땅에 콩을 세 알씩 심었다.

③ 보리쌀 한 되를 샀다.

④ 쌀 한 말을 찧어 떡을 만들었다.

⑤ 심청이는 쌀 삼백 석에 팔려 갔다.

2. 빈칸에 알맞은 말을 보기 에서 골라 대화를 완성하세요.

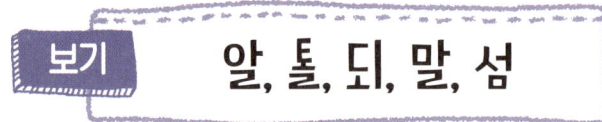

보기   알, 톨, 되, 말, 섬

 쌀 한 ① 도 흘리면 안 된다.

 콩 한 ② 도 흘리지 않을게요.

 포대에 쌀을 한 ③ 씩 열 번을 퍼 넣어라.

 열 되면 한 ④ 이겠네요.

 그렇지. 열 말은 한 ⑤ 이고.

3. 그림을 보고 빈칸에 알맞은 단위를 쓰세요.

① 한 ☐ 는 약 1.8리터예요.

② 열 되가 모여 한 ☐ 이 돼요.

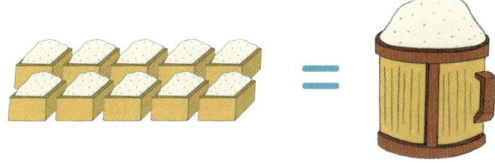

③ 열 말이 모여 한 ☐ 이 되지요.

4. 빈칸에 알맞은 말을 보기 에서 골라 문장을 완성하세요.

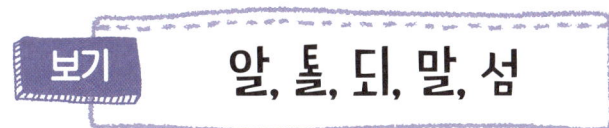

보기   알, 톨, 되, 말, 섬

① 새가 쌀 한 ☐ 을 물고 날아갔다.

② 언니가 옥수수를 한 ☐ 씩 떼어 먹었다.

③ 한 ☐ 는 약 1.8리터이다.

④ 한 ☐ 은 열 되다.

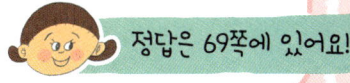

무더기, 꾸러미, 다발, 단, 접

채소 가게에서 어떻게 세지?

채소를 세는 단위를 알아봐요.

무더기

한데 수북이 쌓여 있거나 뭉쳐 있는 채소는 '무더기'로 세요. 쑥처럼 작거나 상추처럼 여린 채소들은 대개 끈으로 묶지 않고 무더기로 팔지요.

상추 한 무더기

꾸러미

'꾸러미'는 보자기나 봉지 등으로 싼 물건을 셀 때 써요. 한 꾸러미에는 여러 종류의 물건이 들어 있어요.

쌈 채소 다섯 꾸러미

다발, 단

채소나 과일 따위를 묶어 셀 때는 '다발'과 '단'을 써요. 둘은 거의 같은 뜻으로 쓰이지요.

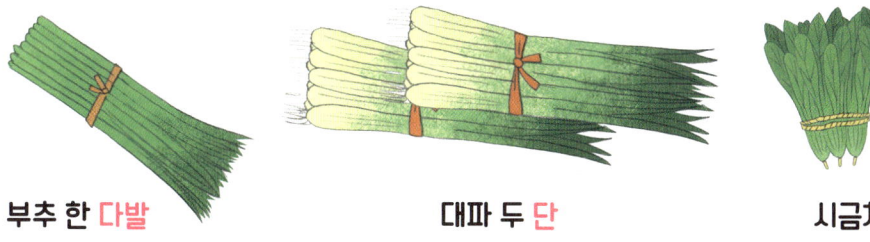

부추 한 다발　　**대파 두 단**　　**시금치 두 단**

접

채소나 과일은 백 개씩 묶어서 '접'으로 세요. 마늘 백 개를 묶어 마늘 한 접, 배추 백 포기를 묶어 배추 한 접이라고 하지요.

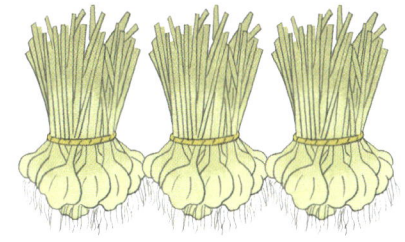

마늘 세 접

1. 무더기, 꾸러미, 다발, 단, 접에 ○표 하면서 읽어 보세요.

① 할머니께서 봄나물 한 무더기를 천 원에 파셨다.

② 이모께서 채소를 다섯 꾸러미나 보내셨다.

③ 쑥갓 한 단과 깻잎 한 다발로 튀김을 만들었다.

④ 배추 두 접으로 김장을 했다.

⑤ 미나리 세 단을 샀다.

2. 빈칸에 알맞은 말을 보기 에서 골라 대화를 완성하세요.

보기   무더기, 꾸러미, 다발, 단, 접

 상추와 시금치가 싱싱하네요. 상추 한 ① □□ 와

시금치 한 ② □ 을 주세요.

 마늘은 필요하지 않으세요?

 마늘은 시골에서 한 ③ □ 을

보내 주셨어요. 양파, 대파, 감자도

한 ④ □□ 를 보내셨네요.

 부모님들은 자식들 나눠 주는 재미로 농사지으시죠.

3. 그림을 보고 빈칸에 알맞은 말을 보기 에서 골라 쓰세요.

> 보기   무더기, 꾸러미, 다발, 단, 접

① 부추 두 ☐☐

② 상추 한 ☐☐☐

③ 마늘 한 ☐

④ 쌈 채소 세 ☐☐☐

4. 빈칸에 알맞은 말을 보기 에서 골라 문장을 완성하세요.

> 보기   무더기, 꾸러미, 다발, 단, 접

① 옆집 아주머니가 텃밭에서 기른 채소 한 ☐☐☐ 를 주셨다.

② 김장하려고 배추 한 ☐ 을 샀다.

③ 미나리 한 ☐ 을 썰었더니 양이 꽤 많다.

④ 깻잎을 다섯 ☐☐ 사서 깻잎 김치를 담갔다.

정답은 69쪽에 있어요!

개, 통, 알, 톨, 송이, 접

과일 가게에서 어떻게 세지?

과일을 세는 단위를 배워 봐요.

개
거의 모든 과일은 '개'를 써서 세요.

복숭아 한 개 **배 두 개** **감 세 개**

통, 알, 톨
멜론이나 수박처럼 크고 둥근 과일은 '통'으로 세요. 호두, 귤처럼 작고 둥근 과일은 '알'로 세요. 밤의 낱알은 곡식의 낱알을 셀 때와 마찬가지로 '톨'을 써서 세요.

수박 두 통 **호두 한 알** **밤 세 톨**

송이
포도나 바나나처럼 꼭지에 달린 과일을 셀 때는 '송이'를 써요.

바나나 한 송이

접
마늘 백 개를 마늘 한 접, 배추 백 포기를 배추 한 접이라고 했지요? 과일 백 개도 '접'이라고 하는데, 감과 곶감을 셀 때 주로 접을 써요.

곶감 백 개 = 곶감 한 접

1. 개, 통, 알, 톨, 접에 ○표 하면서 읽어 보세요.

① 감을 세 접 넘게 땄다.

② 수박 한 통을 다 같이 먹었다.

③ 바구니 안에 호두 몇 알이 들어 있다.

④ 동생이 자두를 일곱 개나 먹었다.

⑤ 할아버지께서 밤 다섯 톨을 주셨다.

2. 빈칸에 알맞은 말을 보기 에서 골라 대화를 완성하세요.

보기 통, 알, 톨, 송이, 접

'개'가 아닌 다양한 단위로 세어 봐요!

배 네 ① ☐, 포도 세 ② ☐,
수박 한 ③ ☐ 가져가서 상에 올리면 되지요?

깎은 밤도 몇 ④ ☐ 올리렴. 대추와 곶감은 샀니?

곶감은 넉넉하게 한 ⑤ ☐ 사 놓았어요.

제사상에 배, 밤, 대추, 곶감은 꼭 올려야 한단다.

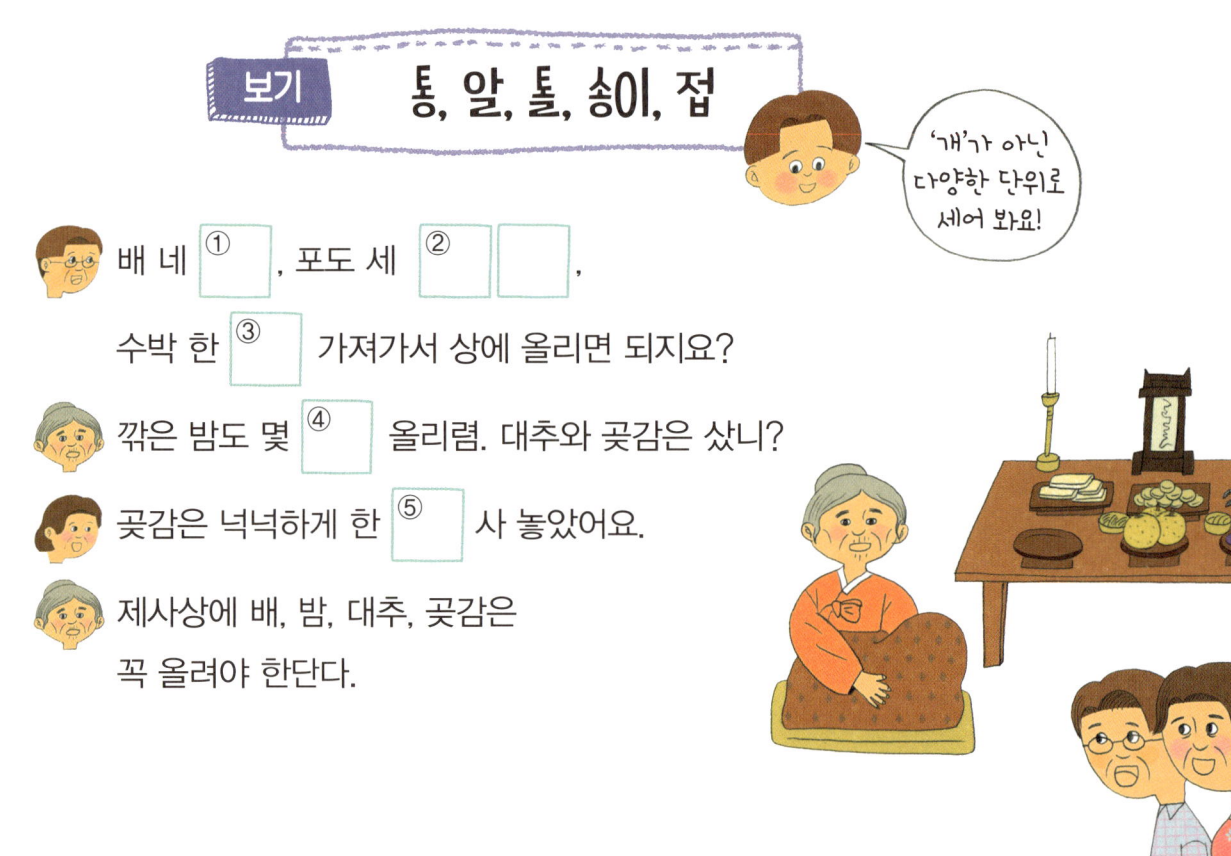

3. 그림을 보고 빈칸에 알맞은 말을 보기 에서 골라 쓰세요.

보기   통, 알, 톨, 송이, 접

① 바나나 한 ☐ ☐   ② 사과 두 ☐

③ 멜론 한 ☐   ④ 깐 밤 열 ☐

4. 빈칸에 알맞은 말을 보기 에서 골라 문장을 완성하세요.

보기   통, 알, 톨, 송이, 접

① 아이가 포도 한 ☐ ☐ 를 땄다.

② 멜론 한 ☐ 을 썰어 접시에 담았다.

③ 큰아버지께서 곶감 한 ☐ 을 보내셨다.

④ 할머니께서 대추 몇 ☐ 과 깎은 밤 몇 ☐ 을 주셨다.

생선 가게에서 어떻게 세지?

미, 마리, 손, 쾌, 두름, 축

생선 사세요, 생선. 비쩍 마른 놈, 살짝 마른 놈, 등이 퍼런 놈, 등이 허연 놈, 다리 열 개 달린 놈, 다리 없는 놈, 다 있어요!

조기는 열 미에 얼마예요?

입에서 살살 녹는 참조기가 열 미에 20000원. 싱싱한 고등어는 한 손에 5000원.

북어와 마른 오징어도 있어요?

있고말고요. 꼬들꼬들한 북어가 한 마리에 4000원, 한 쾌에 80000원.

고소하고 쫄깃한 오징어는 한 마리에 2000원, 한 축에 40000원.

통통하고 맛난 굴비는 한 두름에 30000원이랍니다.

생선을 셀 때 쓰는 단위를 알아봐요.

미, 마리

생선을 셀 때 흔히 '마리'를 쓰는데, 마리 대신에 '미'라는 단위를 쓰기도 해요.

조기 한 마리 = 조기 1미

명태 두 마리 = 명태 2미

> 마리는 우리말이어서 수를 나타내는 우리말이랑 어울려요. 미(尾)는 한자어여서 '일(一)', '이(二)' 등의 한자어와 어울리고요. 우리말은 우리말끼리, 한자어는 한자어끼리 어울린답니다.

손

'손'은 한 손에 잡을 만한 분량을 세는 단위예요. 고등어나 조기 같은 생선을 셀 때 큰 것 1미와 작은 것 1미를 묶어 한 손이라고 해요.

고등어 한 손

쾌, 두름, 축

말린 명태를 북어라고 하고 말린 조기를 굴비라고 해요. 북어 20미를 묶어 '쾌'라고 세고, 굴비 20미를 묶어 '두름'이라고 세요. 말린 오징어 20미는 '축'으로 센답니다.

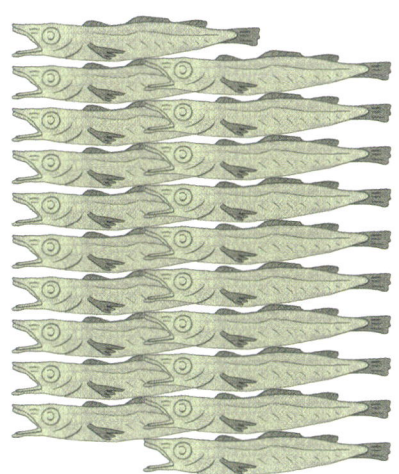

북어 20미 = 북어 한 쾌

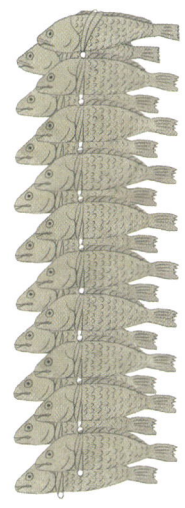

굴비 20미 = 굴비 한 두름

오징어 20미 = 오징어 한 축

1. 마리, 손, 쾌, 두름, 축에 ○표 하면서 읽어 보세요.

① 갈치 한 마리를 네 토막으로 나누어 조렸다.

② 짭짤한 자반고등어 한 손을 구웠다.

③ 울릉도에 여행을 가서 오징어 한 축을 샀다.

④ 영광에 계신 이모께서 굴비 한 두름을 보내 주셨다.

⑤ 우리 가족은 북어 요리를 좋아해서 북어 한 쾌를 두 달이면 다 먹는다.

2. 빈칸에 알맞은 말을 보기 에서 골라 대화를 완성하세요.

보기 마리, 손, 쾌, 두름, 축

꽁치 2 ① ☐ 하고 고등어 한 ② ☐ 주세요.

여기 있습니다.

굴비 한 ③ ☐ 하고 북어 한 ④ ☐ 도 주세요.

네, 더 필요한 건 없으세요?

아 참, 오징어도 한 ⑤ ☐ 주세요.

3. 그림을 보고 알맞는 것끼리 선을 이으세요.

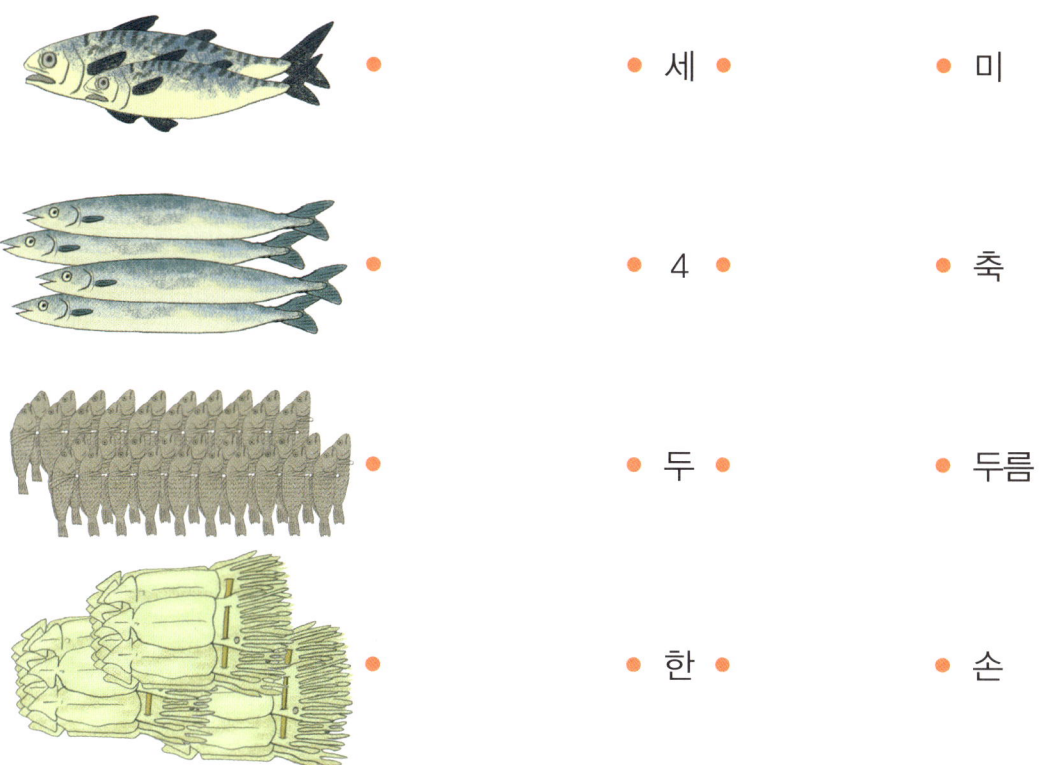

4. 빈칸에 알맞은 말을 보기 에서 골라 문장을 완성하세요.

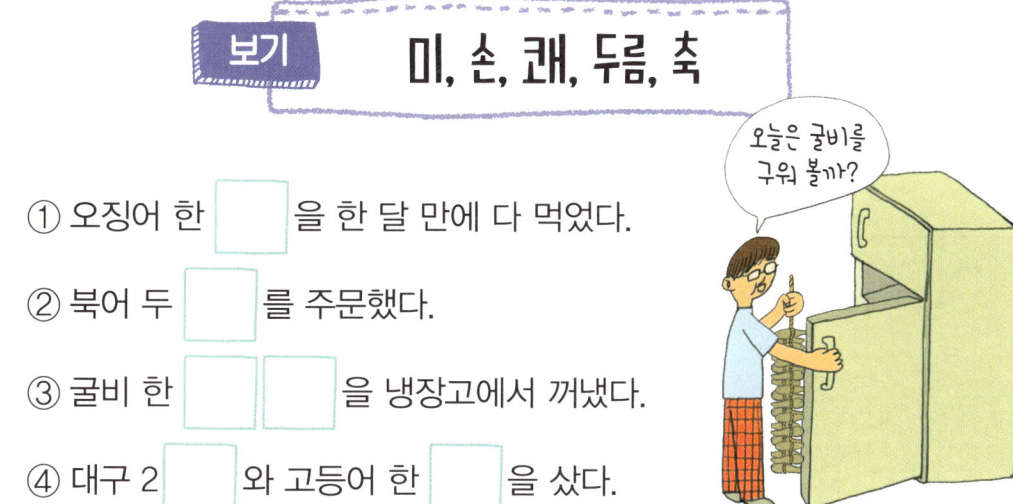

보기: 미, 손, 쾌, 두름, 축

① 오징어 한 □을 한 달 만에 다 먹었다.

② 북어 두 □를 주문했다.

③ 굴비 한 □ □을 냉장고에서 꺼냈다.

④ 대구 2 □와 고등어 한 □을 샀다.

오늘은 굴비를 구워 볼까?

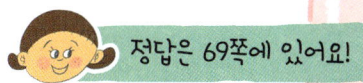
정답은 69쪽에 있어요!

부엌에서 어떻게 세지?

술, 방울, 모, 모금, 끼

음식을 만들 때 쓰는 단위를 알아봐요.

술
숟가락에 들어간 만큼의 양을 셀 때 '술'을 써요. 그래서 술을 '숟가락'으로 바꿔 쓰기도 해요.

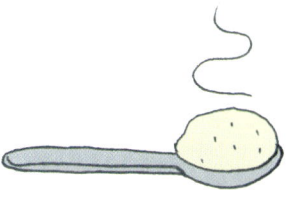

밥 한 술 = 밥 한 숟가락

방울
'방울'은 물이나 기름의 작고 둥근 덩어리를 세는 말이에요.

물 한 방울　　**기름 두 방울**

모
'모'는 두부나 묵 등을 네모지게 자른 덩이를 세는 말이에요.

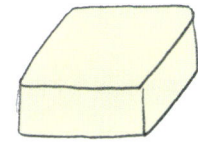 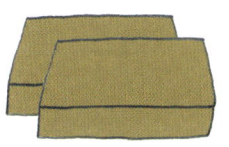

두부 한 모　　**도토리묵 두 모**

모금
'물 한 모금 입에 물고 하늘 한 번 쳐다보고' 이런 동시를 들어 봤나요? 물 같은 액체를 입 안에 한 번 머금는 양을 셀 때 '모금'을 써요.

물 한 모금

끼
밥을 먹는 횟수를 셀 때는 '끼', 혹은 '끼니'를 써요. 아침, 점심, 저녁으로 하루에 세 번 먹는 밥을 세끼라고 해요.

밥 한 끼 = 밥 한 끼니

1. 술, 방울, 모, 모금, 끼에 ○표 하면서 읽어 보세요.

① 밥을 한 술 떠서 꼭꼭 씹어 먹었다.

② 양념장에 들기름을 몇 방울 넣었다.

③ 따뜻한 차를 한 모금 마셨다.

④ 도토리묵 한 모를 샀다.

⑤ 배탈이 나서 한 끼도 먹지 못했다.

2. 빈칸에 알맞은 말을 보기에서 골라 대화를 완성하세요.

> **보기** 술, 방울, 모, 모금, 끼

엄마, 목이 말라요.

여기 물 있다. 한 ① ☐ 씩 천천히 마시렴. 오늘 점심은 뭘 먹을까? 두부 한 ② ☐ 가 있네. 볶은 김치에 참기름 한두 ③ ☐ 넣고 두부랑 같이 먹을까?

저는 국수가 먹고 싶어요.

그래? 그럼 한 ④ ☐ 정도는 간단하게 면으로 먹자.

3. 도토리묵무침을 만드는 방법이에요. 빈칸에 알맞은 말을 보기 에서 골라 쓰세요.

> **보기** 술, 방울, 모, 모금, 개

① 간장 두 ▢ 에 설탕과 깨소금을 조금씩 넣어요.

② 다진 마늘과 고춧가루를 한 ▢ 씩 넣어요.

③ 참기름을 몇 ▢ ▢ 떨어뜨려 섞어요.

④ 도토리묵 한 ▢ 를 썰어, 만든 양념에 잘 무쳐요.

4. 빈칸에 알맞은 말을 보기 에서 골라 문장을 완성하세요.

> **보기** 술, 방울, 모, 모금, 개

① 입맛이 없어서 밥을 몇 ▢ 뜨다 말았다.

② 콩나물국에 두부 반 ▢ 를 썰어 넣었다.

③ 참기름을 몇 ▢ ▢ 넣으니 고소한 향이 난다.

④ 통닭을 먹고 콜라를 한 ▢ ▢ 마셨다.

⑤ 아침, 점심, 저녁 식사에 밤참까지 더해 하루 네 ▢ 를 먹었다.

배불러.

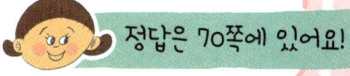

정답은 70쪽에 있어요!

땀, 줌, 움큼, 사리, 첩

놀이터에서 어떻게 세지?

소꿉놀이를 하거나 집안일을 할 때 쓰는 단위를 알아봐요.

땀
실을 꿴 바늘로 한 번 뜨는 일, 또는 한 번 뜬 자국을 셀 때 '땀'을 써요.

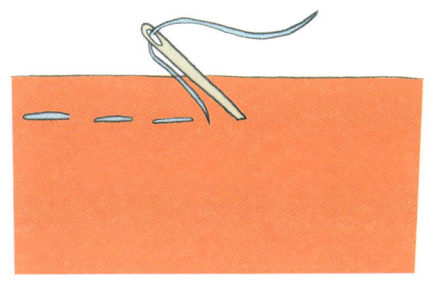

바늘 세 땀

줌
한 손으로 쥘 만한 양은 '줌'으로 세요. 줌은 '주먹'의 준말로, 주먹으로도 바꿔 쓸 수 있어요.

쌀 한 줌 = 쌀 한 주먹

움큼
'움큼' 역시 한 손으로 쥘 만한 양을 세는 단위예요. 줌이나 주먹과 비슷한 양을 나타내지요.

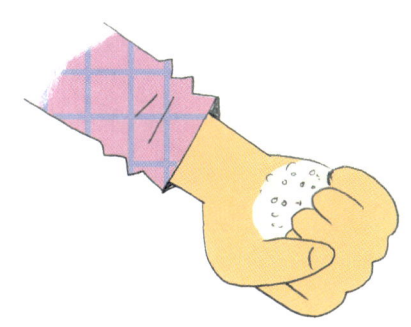

소금 한 움큼

사리
국수와 냉면처럼 가늘고 긴 면을 포개어 감은 뭉치를 셀 때 '사리'를 써요.

국수 한 사리   라면 한 사리

첩
약봉지에 싼 약 뭉치는 '첩'으로 세요.

한약 두 첩

1. 땀, 줌, 움큼, 사리, 첩에 ◯표 하면서 읽어 보세요.

① 몇 땀만 더 꿰매면 주머니가 완성된다.

② 국수 한 사리를 열무김치에 비벼 먹었다.

③ 소금을 한 움큼 뿌렸다.

④ 감기 기운이 있어서 약을 한 첩 지었다.

⑤ 햅쌀에 좁쌀을 한 줌 섞어 밥을 했다.

2. 빈칸에 알맞은 말을 보기 에서 골라 글을 완성하세요.

보기 땀, 줌, 움큼, 사리, 첩

① 할머니는 십자수를 즐겨 하세요. 바늘로 한 ☐ 한 ☐ 정성스레 수를 놓으세요.

② 할아버지가 어항에 사료를 한 ☐ 넣으셨어요.

③ 아버지는 마당에서 잡초를 한 ☐ ☐ 뽑으셨어요.

④ 어머니는 한약 한 ☐ 을 달이시려나 봐요. 나는 강아지랑 놀아요.

3. 빈칸에 알맞은 말을 보기 에서 골라 문장을 완성하세요.

> **보기** 땀, 줌, 움큼, 사리, 첩

① 누나가 바늘질을 한 ☐ 한 ☐ 촘촘하게 했다.

② 아이가 양손에 구슬을 한 ☐ 씩 쥐었다.

③ 대추를 한 ☐ ☐ 땄다.

④ 그릇마다 국수를 한 ☐ ☐ 씩 담았다.

⑤ 한의원에서 한약을 몇 ☐ 지어 왔다.

⑥ 인절미에 콩고물 한 ☐ ☐ 을 골고루 묻혔다.

⑦ 호두, 잣, 아몬드 같은 견과류를 하루에 한 ☐ 씩 먹는다.

⑧ 구멍 뚫린 양말을 한 ☐ 두 ☐ 기웠다.

⑨ 매일 한약을 한 ☐ 씩 달여 먹었다.

⑩ 냉면 ☐ ☐ 가 맛있어서 두 그릇이나 먹었다.

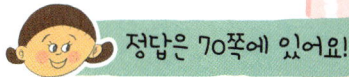
정답은 70쪽에 있어요!

경기장에서 어떻게 세지?

줄, 회, 번, 판, 바퀴

앞에서 셋째 **줄**에 앉으니 씨름장이 잘 보이네!

제**2회** 천하장사 씨름 대회를 시작하겠습니다.

세 **판** 중 두 **판**을 이기는 사람이 다음 경기로 올라갑니다.

작년 우승자가 두 **번** 연속으로 우승할까요? 새 우승자가 나올까요?

경기에 앞서, 축하 공연을 보시겠습니다.

와! 무용단이 장구를 치고 춤을 추며 씨름장을 한 **바퀴** 돌고 있어. 멋지다!

경기장에서 쓰는 단위를 알아봐요.

줄
길이로 죽 벌이거나 늘여 있는 것을 셀 때 '줄'을 써요.

회, 번
돌아오는 차례를 세는 말은 '회'예요. 예를 들어 제2회는 두 번째를 뜻하지요. '번'도 일의 차례를 나타내요. 번은 거듭되는 횟수를 셀 때에도 쓰지요.

판
승부를 겨루는 일을 셀 때는 '판'을 써요.

바퀴
'바퀴'는 어떤 둘레를 빙 돌아 제자리로 오는 횟수를 세는 단위예요.

1. 줄, 회, 번, 판, 바퀴에 ○표 하면서 읽어 보세요.

① 관객들이 첫째 줄부터 차례차례 자리를 채웠다.

② 제1회 마을 노래자랑 대회가 열렸다.

③ 친구가 두 번이나 약속을 어겼다.

④ 세 판을 겨뤄 두 판을 이겨야 상금을 탄다.

⑤ 운동장을 세 바퀴 돌았다.

2. 빈칸에 알맞은 말을 보기 에서 골라 사회자의 말을 완성하세요.

보기   줄, 회, 번, 판, 바퀴

제 2 ① □ 천하장사 씨름 대회 결승전이 막 끝났습니다. 오늘의 우승자는 두 ② □ 을 먼저 이긴 나우람 선수입니다. 작년에 이어 두 ③ □ 연속 우승을 한 나우람 선수에게 큰 박수를 부탁드립니다. 나우람 선수가 가마를 타고 씨름장을 한 ④ □ 돌겠습니다. 첫째 ⑤ □ 에 서 계신 분들은 자리에 앉아 주시기 바랍니다.

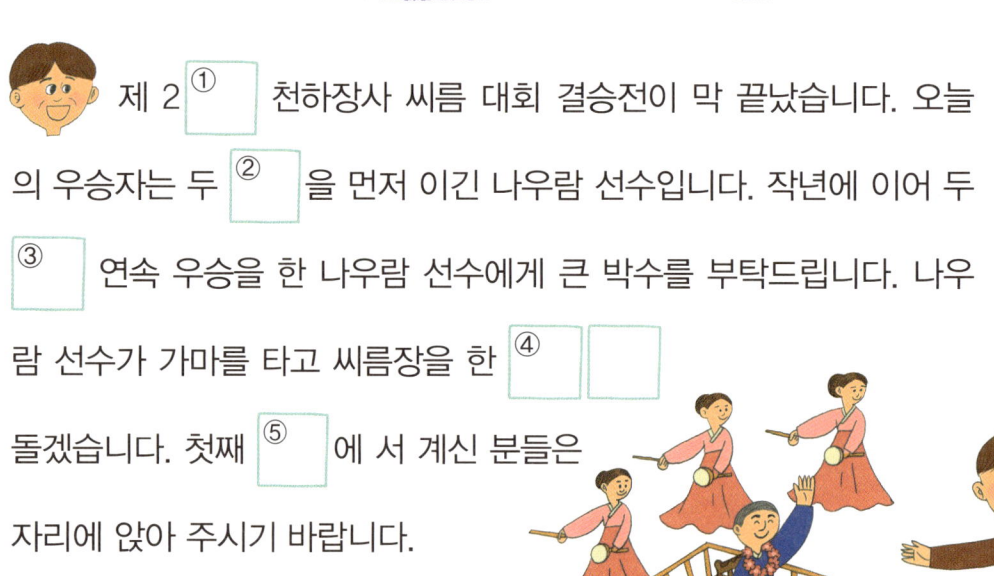

3. 씨름 대회 포스터를 보고, 빈칸에 알맞은 말을 보기 에서 골라 쓰세요.

보기 줄, 회, 번, 판, 바퀴

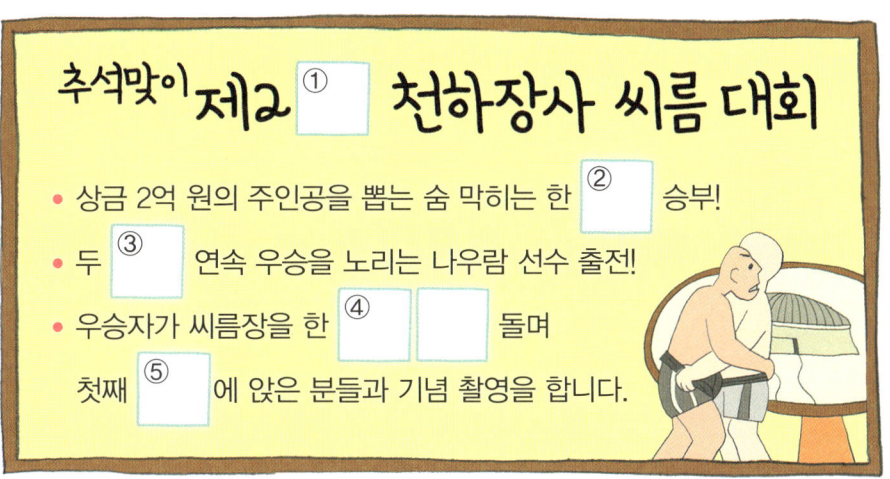

추석맞이 제2 ① □ 천하장사 씨름 대회

- 상금 2억 원의 주인공을 뽑는 숨 막히는 한 ② □ 승부!
- 두 ③ □ 연속 우승을 노리는 나우람 선수 출전!
- 우승자가 씨름장을 한 ④ □ 돌며 첫째 ⑤ □ 에 앉은 분들과 기념 촬영을 합니다.

4. 빈칸에 알맞은 말을 보기 에서 골라 문장을 완성하세요.

보기 줄, 회, 번, 판, 바퀴

① 맨 뒤에 있는 □ 에도 빈자리가 거의 없다.

② 강아지를 데리고 동네를 한 □ 돌았다.

③ 노래를 몇 □ 불렀더니 가사가 저절로 외워졌다.

④ 가위바위보를 세 □ 해서 술래를 정하기로 했다.

⑤ 제3 □ 마을 윷놀이 대회가 열렸다.

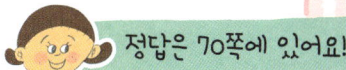
정답은 70쪽에 있어요!

대, 량, 척, 필, 박

여행지에서 어떻게 세지?

여행지에서 쓰는 단위를 배워 봐요.

대
자동차나 버스 등의 차를 셀 때는 '대'를 써요.

버스 한 대

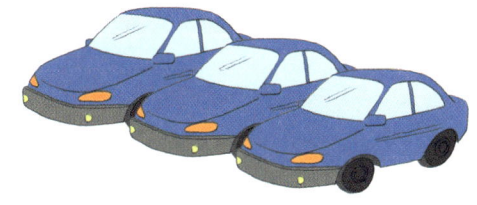

자동차 세 대

량
전철이나 기차의 칸은 '량'으로 세요. 량 앞에 붙는 숫자가 클수록 길이가 더 길어져요.

기차 네 량

척
배를 셀 때는 '척'을 써요.

배 두 척

필
말은 '마리'로 세기도 하지만 '필'을 써서 세기도 해요.

말 세 필

박
집이 아닌 곳에서 묵는 밤의 횟수를 '박' 이라고 세요. 1박은 집이 아닌 다른 곳에서 하룻밤을 잔다는 뜻이지요.

1박 2일

1. 대, 량, 척, 필, 박에 ○표 하면서 읽어 보세요.

① 어머니가 2박 3일로 출장을 가신다.

② 길가에 자동차 두 대가 서 있다.

③ 여섯 량짜리 기차가 도착했다.

④ 고기잡이배 서너 척이 바다에 떠 있다.

⑤ 말 두 필이 마차를 끌었다.

2. 빈칸에 알맞은 말을 보기 에서 골라 대화를 완성하세요.

보기   대, 량, 척, 필, 박

- 올 여름휴가는 3 ① 4일 일정으로 갈 거예요. 어디로 갈까요?
- 배 서너 ② 이 떠 있는 조용한 바닷가 어때요?
- 큰집 식구들과 계곡에 가는 건 어떠니? 차를 두 ③ 가져가자꾸나.
- 나는 말을 세 ④ 이나 보았던 그 유원지가 좋아요!
- 봄에 갔던 데를 다시 가자고?
- 난 다섯 ⑤ 짜리 증기 기관차가 있는 기차 마을에 가고 싶은데…….
- 어휴, 이러다가 휴가 못 가겠네.

3. 그림을 보고 빈칸에 알맞은 말을 보기 에서 골라 쓰세요.

보기   대, 량, 척, 필, 박

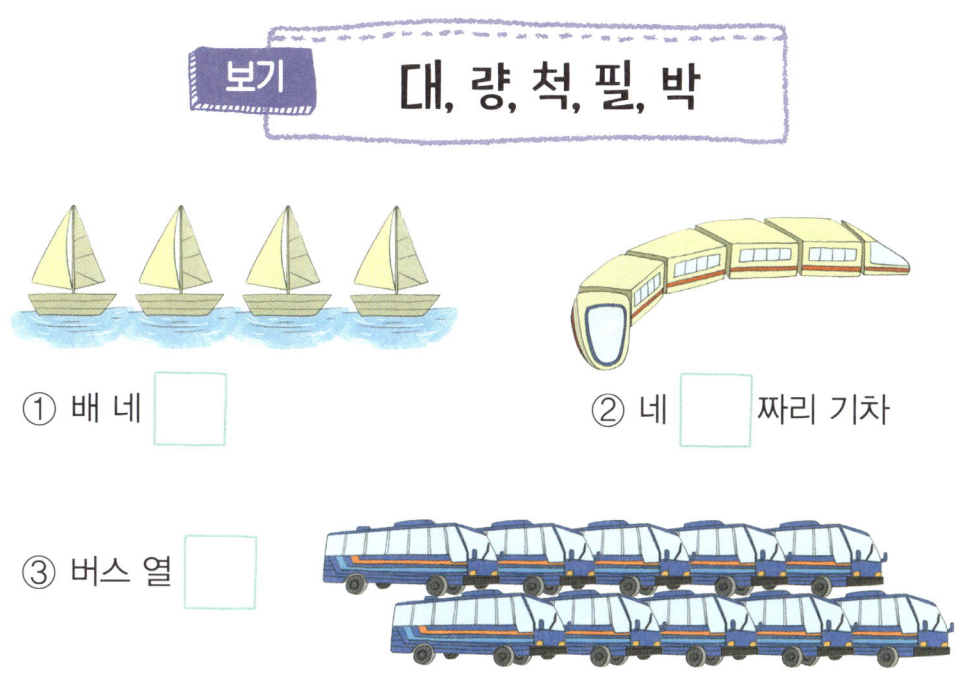

① 배 네 ☐

② 네 ☐ 짜리 기차

③ 버스 열 ☐

4. 빈칸에 알맞은 말을 보기 에서 골라 문장을 완성하세요.

보기   대, 량, 척, 필, 박

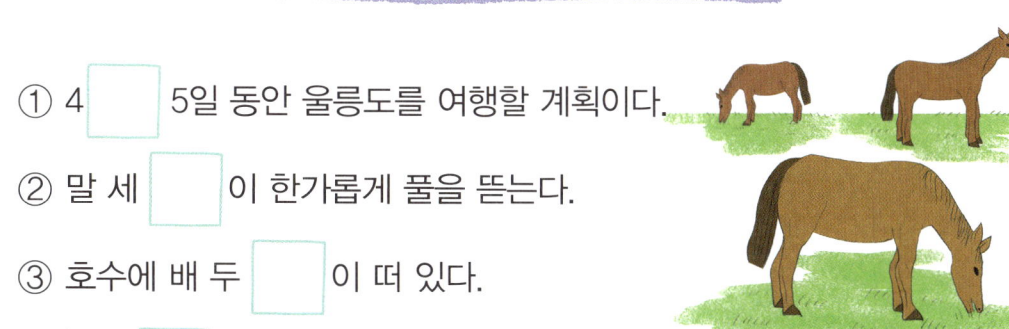

① 4 ☐ 5일 동안 울릉도를 여행할 계획이다.

② 말 세 ☐ 이 한가롭게 풀을 뜯는다.

③ 호수에 배 두 ☐ 이 떠 있다.

④ 여덟 ☐ 짜리 열차에서 사람들이 우르르 내렸다.

⑤ 주차장에 자동차 수백 ☐ 가 있다.

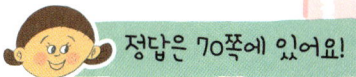

권, 행, 연, 편, 점

서점에서 어떻게 세지?

대체로 한 시집에 40편에서 50편의 시가 실려 있네.

이 시집에 있는 시는 아주 짧아요.

그렇구나. 대부분 1연이고 길어야 2연이야. 각 연의 행도 길어야 5행이고.

시가 짧으면서 재미있어요.

시마다 한 점씩 실린 그림도 참 예쁘네. 이 시집으로 살까? 저쪽에 가서 엄마가 볼 책도 한 권 사자.

책이나 그림과 관련된 단위를 배워 봐요.

권
책이나 공책을 셀 때는 '권'을 써요.

시집 한 권

공책 두 권

행, 연, 편
'행'은 시에서 가로나 세로로 쓴 줄을 세는 말이에요. 의미가 통하는 행들을 묶어 '연'이라고 해요. 연과 연 사이에는 한 행 정도 공간을 띄어 써요. 행이 모여 연이 되고, 연이 모여 시가 되지요. 시를 세는 말은 '편'이에요. 시뿐만 아니라 동화, 일기, 독서 감상문 등 글로 쓴 작품을 셀 때에 편을 써요.

점
그림을 셀 때 '점'을 써요.
점은 사진을 셀 때에도 쓰지요.

그림 한 점

사진 세 점

1. 권, 행, 연, 편, 점에 ○표 하면서 읽어 보세요.

① 동화책을 세 권 읽었다.

② 이 시는 1연 4행으로 쓰인 작품이다.

③ 동시 두 편을 외웠다.

④ 거실 벽에 그림 한 점을 걸었다.

2. 빈칸에 알맞은 말을 보기 에서 골라 대화를 완성하세요.

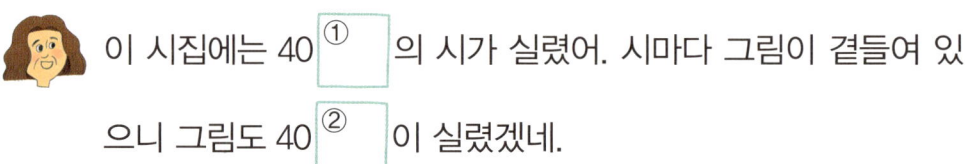

보기   권, 행, 연, 편, 점

이 시집에는 40 ① 의 시가 실렸어. 시마다 그림이 곁들여 있으니 그림도 40 ② 이 실렸겠네.

그림이 시와 잘 어울려요.

시에는 행과 연이 있어. 시의 한 줄 한 줄을 ③ 이라고 하고, 몇 행을 묶어 ④ 이라고 한단다.

이 시의 각 연은 모두 4 ⑤ 으로 이루어져 있어요.

3. 빈칸에 알맞은 말을 보기 에서 골라 쓰세요.

보기   권, 행, 연, 편, 점

시를 써요. ① ☐ 이 모여 연이 돼요. ② ☐ 이 모여 한 편의 시가 돼요. 시집에 몇 ③ ☐ 의 시를 넣을지 정해요. 그림을 몇 ④ ☐ 넣을지도 정해요. 시집 한 ⑤ ☐ 을 펴낼 거예요.

4. 빈칸에 알맞은 말을 보기 에서 골라 문장을 완성하세요.

보기   권, 행, 연, 편, 점

① 시에서 행을 묶은 단위를 ☐ 이라고 하는데, 1행이 1연이 되기도 한다.

② 시 한 ☐ 에 1연만 있는 경우도 있다.

③ 1행만으로 1 ☐ 이 되므로, 1행도 한 편의 시가 될 수 있다.

④ 사진도 그림과 마찬가지로 ☐ 으로 센다.

정답은 71쪽에 있어요!

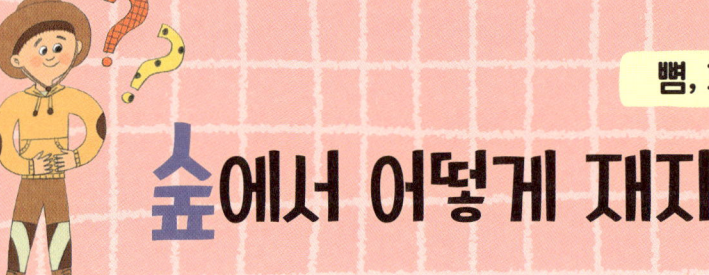

뼘, 치, 자, 아름, 길, 리

숲에서 어떻게 재지?

풀들이 지난주보다 한 뼘은 더 자란 것 같아요.

그러네요. 나뭇잎도 한 치는 더 자랐어요.

이 나무는 둘레가 한 아름이 넘을 것 같아요.

같이 한번 재 볼까?

길이를 잴 때 쓰는 단위를 알아봐요.

뼘
한 '뼘'은 엄지손가락과 다른 손가락을 한껏 벌린 두 끝을 잇는 길이를 말해요.

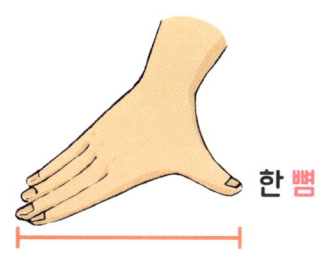
한 뼘

> 오늘날에는 길이를 잴 때 센티미터(cm)와 미터(m)를 써요. 100센티미터는 1미터와 같지요.
> 옛날에는 주로 몸을 이용해 길이를 쟀어요. 그래서 몸과 관련된 단위 표현이 많았답니다.

치, 자
'치'는 약 3센티미터를 나타내요. 손가락의 굵기, 혹은 한 마디를 잰 길이에서 유래했어요. '자'는 치의 열 배로 약 30센티미터예요.

한 치
열 치 = 한 자

아름
'아름'은 두 팔을 둥글게 모아 만든 둘레의 길이를 말해요. 두 팔 안에 들어갈 만한 분량을 셀 때도 써요.

한 아름

길
'길'은 어른 남자 키 정도의 길이를 뜻해요. 혹은 여덟 자나 열 자와 같은 길이를 나타내요. 약 2.4미터 또는 3미터에 해당하지요.

열 길 물속은 알아도 한 길 사람 속은 모른다.

리
'리'는 옛날에 거리를 재던 단위예요.
1리는 약 400미터예요.

외할머니 댁까지는 십 21쯤 돼.

1. 뼘, 치, 길, 리에 ○표 하면서 읽어 보세요.

① 짙은 안개가 끼어서 한 치 앞도 볼 수 없다.

② 언니가 동생보다 한 뼘 정도 더 크다.

③ 천 길 낭떠러지 아래 소나무가 서 있다.

④ 천 리 길도 한 걸음부터.

2. 빈칸에 알맞은 말을 보기 에서 골라 대화를 완성하세요.

보기 뼘, 치, 자, 아름, 길, 리

 얼씨구! 나를 버리고 가시는 님은 십 ①☐ 도 못 가서 발병 난다.

 어제는 안개 때문에 한 ②☐ 앞도 볼 수 없었는데

오늘은 날이 화창하네.

 내 보따리가 열 ③☐ 물속에 빠졌다오. 누가 뱃삯 좀 빌려주시오.

 미안하지만 내 코가 석 ④☐ 라네.

3. 같은 길이가 되도록, 빈칸에 알맞은 말을 보기 에서 골라 쓰세요.

보기 뼘, 치, 자, 아름, 길, 리

① 1 ☐ : 약 400미터.

② 한 ☐ : 약 3센티미터.

③ 한 ☐ : 한 치의 열 배로 약 30센티미터.

④ 한 ☐ : 여덟 자나 열 자로, 약 2.4미터 혹은 3미터.

4. 빈칸에 알맞은 말을 보기 에서 골라 문장을 완성하세요.

보기 뼘, 치, 자, 아름, 길, 리

① 무궁화 삼천 ☐ 화려강산.

② 말조심하라고 할 때 세 ☐ 혀를 조심하라고 한다.

③ 나무의 굵기가 한 ☐☐ 이 넘고,

길이는 열 ☐ 이 넘는다.

④ 키가 일 년 새 한 ☐ 이 컸다.

정답은 71쪽에 있어요!

근, 관, 돈, 냥

시장에서 어떻게 재지?

소고기 네 근하고 감자 두 관 주세요.

여보, 금을 한 돈 사야 해요.

아 참! 인삼도 사야지. 인삼은 몇 냥 필요하지요?

열 냥 사면 돼요.

무게를 잴 때 쓰는 단위를 알아봐요.

근

'근'은 고기나 채소, 과일 등의 무게를 잴 때 써요. 고기를 잴 때는 한 근이 600그램, 채소나 과일을 잴 때는 한 근이 375그램이에요.

오늘날에는 무게를 잴 때 그램(g)이나 킬로그램(kg)을 씁니다. 1000그램은 1킬로그램과 같지요.
우리 조상들은 근, 관, 돈, 냥과 같은 단위로 무게를 쟀어요.
요즘에도 이런 단위들이 간혹 쓰여요.

소고기 한 근 **바나나 한 근**

관

고구마, 감자, 양파 등 제법 무거운 채소를 많이 잴 때는 '관'을 써요. 관은 근의 열 배예요. 채소의 한 근이 375그램이니까 한 관은 3750그램이에요. 킬로그램으로 바꾸면 3.75킬로그램이지요.

양파 한 관

돈

'돈'은 크기나 부피가 작은 쇠붙이, 금이나 은 같은 귀금속을 재는 단위예요. 한 돈은 3.75그램이에요.

냥

감초, 인삼 같은 한약재의 무게를 잴 때는 '냥'을 써요. 한 냥은 37.5그램으로, 한 돈의 열 배이지요.

금 한 돈 **인삼 한 냥**

1. 근, 관, 돈, 냥에 ○표 하면서 읽어 보세요.

① 방울토마토 세 근을 5000원에 샀다.

② 양파 두 관을 사서 장아찌를 담갔다.

③ 한약방에서 감초 한 냥을 샀다.

④ 할머니께서 손자 돌 선물로 한 돈짜리 금반지를 가져오셨다.

2. 빈칸에 알맞은 말을 보기 에서 골라 말을 완성하세요.

보기   근, 관, 돈, 냥

① 소고기 네 ☐ 주세요.

② 금 한 ☐ 주세요.

③ 인삼 열 ☐ 주세요.

④ 감자 두 ☐ 주세요.

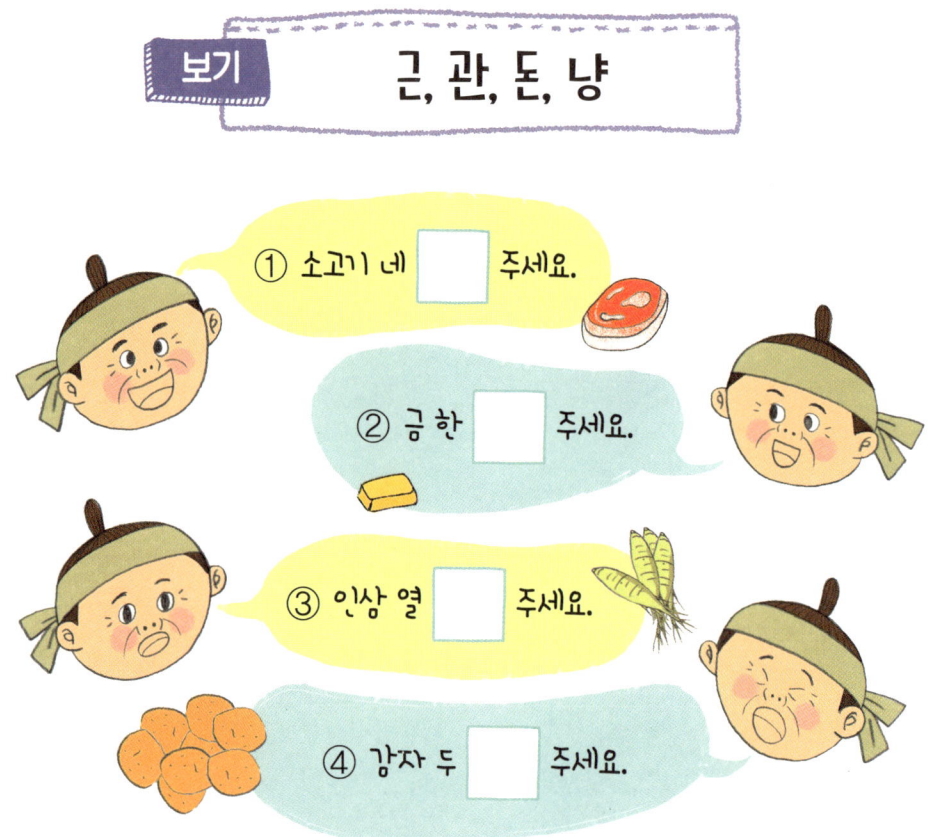

3. 그림을 보고 빈칸에 알맞은 말을 보기 에서 골라 쓰세요.

보기 근, 관, 돈, 냥

① 돼지고기 한 ☐   ② 감자 한 ☐   ③ 감자 한 ☐

④ 감초 한 ☐   ⑤ 금 한 ☐

4. 빈칸에 알맞은 말을 보기 에서 골라 문장을 완성하세요.

보기 근, 관, 돈, 냥

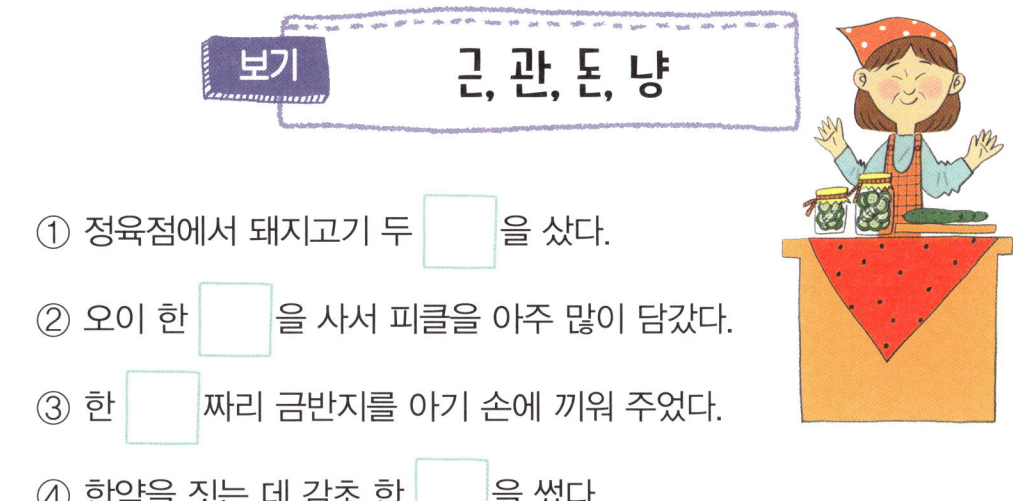

① 정육점에서 돼지고기 두 ☐ 을 샀다.

② 오이 한 ☐ 을 사서 피클을 아주 많이 담갔다.

③ 한 ☐ 짜리 금반지를 아기 손에 끼워 주었다.

④ 한약을 짓는 데 감초 한 ☐ 을 썼다.

정답

10~11쪽

1. ① 손님 열 분이 오셨다.
   ② 아이 다섯 명이 놀이터에서 논다.
   ③ 한 사람도 빠짐없이 차에 탔다.
   ④ 돼지갈비를 5인분 주문했다.

2. ① 명 ② 분 ③ 사람 ④ 인분 ⑤ 인분

3. 네 — 명
   삼 — 분
   두 — 인분
   2 — 인

4. ① 명 ② 인 ③ 인분 ④ 사람 ⑤ 분

14~15쪽

① 뒤뜰에 감나무 한 그루가 있다.
② 꽃밭에 봉숭아 몇 포기를 심었다.
③ 포도 두 송이를 나 혼자 다 먹었다.
④ 새 몇 마리가 나무로 날아왔다.

2. ① 그루 ② 포기 ③ 송이 ④ 마리 ⑤ 마리
3. ① 마리 ② 그루 ③ 포기 ④ 송이
4. ① 송이 ② 마리 ③ 마리 ④ 그루 ⑤ 포기

18~19쪽

1. ① 필통을 두 개 가지고 있다.
   ② 연필 세 다스를 선물 받았다.
   ③ 짝꿍이 빨간 색연필 한 자루를 주었다.
   ④ 종이접기를 하는 데 색종이 세 장을 썼다.
   ⑤ 문구점에서 크레파스 한 통을 샀다.

2. ① 통 ② 다스 ③ 자루 ④ 장 ⑤ 개
3. ① 다스 ② 통 ③ 자루 ④ 장
4. ① 통 ② 개, 장 ③ 통 ④ 다스, 자루

22~23쪽

1. ① 날이 추워서 내의를 두 벌이나 껴입었다.
   ② 가죽 장갑을 한 켤레 샀다.
   ③ 양말 한 짝에 구멍이 났다.
   ④ 현관에 신발 세 켤레가 가지런히 있다.
   ⑤ 뜨개질한 목도리에서 실 한 올이 풀려 나왔다.

2. ① 벌 ② 켤레 ③ 짝 ④ 짝 ⑤ 올 ⑥ 올
3. ① 벌 ② 짝, 켤레 ③ 올, 올
4. ① 벌 ② 켤레 ③ 올 ④ 짝

26~27쪽

1. ① 할아버지는 쌀 한 톨도 함부로 버리지 않으신다.
   ② 농부는 새와 벌레도 먹어야 한다며 땅에 콩을 세 알씩 심었다.
   ③ 보리쌀 한 되를 샀다.
   ④ 쌀 한 말을 찧어 떡을 만들었다.
   ⑤ 심청이는 쌀 삼백 석에 팔려 갔다.

2. ① 톨 ② 알 ③ 되 ④ 말 ⑤ 섬
3. ① 되 ② 말 ③ 섬 또는 석
4. ① 톨 ② 알 ③ 되 ④ 말

30~31쪽

1. ① 할머니께서 봄나물 한 무더기를 천 원에 파셨다.
   ② 이모께서 채소를 다섯 꾸러미나 보내셨다.
   ③ 쑥갓 한 단과 깻잎 한 다발로 튀김을 만들었다.
   ④ 배추 두 접으로 김장을 했다.
   ⑤ 미나리 세 단을 샀다.

2. ① 무더기 ② 단 ③ 접 ④ 꾸러미
3. ① 다발 ② 무더기 ③ 접 ④ 꾸러미
4. ① 꾸러미 ② 접 ③ 단 ④ 다발

34~35쪽

1. ① 감을 세 접 넘게 땄다.
   ② 수박 한 통을 다 같이 먹었다.
   ③ 바구니 안에 호두 몇 알이 들어 있다.
   ④ 동생이 자두를 일곱 개나 먹었다.
   ⑤ 할아버지께서 밤 다섯 톨을 주셨다.

2. ① 알 ② 송이 ③ 통 ④ 톨 ⑤ 접
3. ① 송이 ② 알 ③ 통 ④ 톨
4. ① 송이 ② 통 ③ 접 ④ 알, 톨

38~39쪽

1. ① 갈치 한 마리를 네 토막으로 나누어 조렸다.
   ② 짭짤한 자반고등어 한 손을 구웠다.
   ③ 울릉도에 여행을 가서 오징어 한 축을 샀다.
   ④ 영광에 계신 이모께서 굴비 한 두름을 보내 주셨다.
   ⑤ 우리 가족은 북어 요리를 좋아해서 북어 한 쾌를 두 달이면 다 먹는다.

2. ① 미 ② 손 ③ 두름 ④ 쾌 ⑤ 축

3.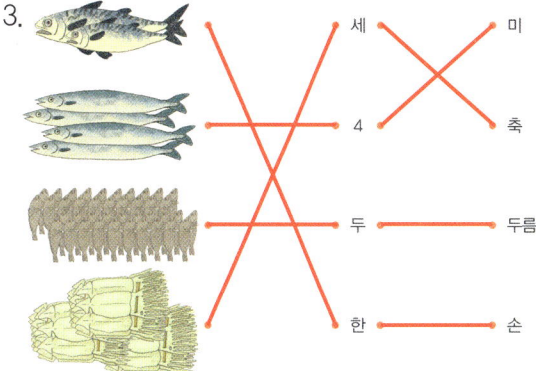

4. ① 축 ② 쾌 ③ 두름 ④ 미, 손

42~43쪽

1. ① 밥을 한 술 떠서 꼭꼭 씹어 먹었다.
   ② 양념장에 들기름을 몇 방울 넣었다.
   ③ 따뜻한 차를 한 모금 마셨다.
   ④ 도토리묵 한 모를 샀다.
   ⑤ 배탈이 나서 한 끼도 먹지 못했다.

2. ① 모금 ② 모 ③ 방울 ④ 끼
3. ① 술 ② 술 ③ 방울 ④ 모
4. ① 술 ② 모 ③ 방울 ④ 모금 ⑤ 끼

46~47쪽

1. ① 몇 땀만 더 꿰매면 주머니가 완성된다.
   ② 국수 한 사리를 열무김치에 비벼 먹었다.
   ③ 소금을 한 움큼 뿌렸다.
   ④ 감기 기운이 있어서 약을 한 첩 지었다.
   ⑤ 햅쌀에 좁쌀을 한 줌 섞어 밥을 했다.

2. ① 땀, 땀 ② 줌 ③ 움큼 ④ 첩
3. ① 땀, 땀 ② 줌 ③ 움큼 ④ 사리 ⑤ 첩
   ⑥ 움큼 ⑦ 줌 ⑧ 땀, 땀 ⑨ 첩 ⑩ 사리

50~51쪽

1. ① 관객들이 첫째 줄부터 차례차례
      자리를 채웠다.
   ② 제1회 마을 노래자랑 대회가 열렸다.
   ③ 친구가 두 번이나 약속을 어겼다.
   ④ 세 판을 겨뤄 두 판을 이겨야 상금을 탄다.
   ⑤ 운동장을 세 바퀴 돌았다.

2. ① 회 ② 판 ③ 번 ④ 바퀴 ⑤ 줄
3. ① 회 ② 판 ③ 번 ④ 바퀴 ⑤ 줄
4. ① 줄 ② 바퀴 ③ 번 ④ 판 ⑤ 회

54~55쪽

1. ① 어머니가 2박 3일로 출장을 가신다.
   ② 길가에 자동차 두 대가 서 있다.
   ③ 여섯 량짜리 기차가 도착했다.
   ④ 고기잡이배 서너 척이 바다에 떠 있다.
   ⑤ 말 두 필이 마차를 끌었다.

2. ① 박 ② 척 ③ 대 ④ 필 ⑤ 량
3. ① 척 ② 량 ③ 대
4. ① 박 ② 필 ③ 척 ④ 량 ⑤ 대

58~59쪽

1. ① 동화책을 세 권 읽었다.
   ② 이 시는 1연 4행으로 쓰인 작품이다.
   ③ 동시 두 편을 외웠다.
   ④ 거실 벽에 그림 한 점을 걸었다.

2. ① 편 ② 점 ③ 행 ④ 연 ⑤ 행
3. ① 행 ② 연 ③ 편 ④ 점 ⑤ 권
4. ① 연 ② 편 ③ 연 ④ 점

62~63쪽

1. ① 짙은 안개가 끼어서 한 치 앞도 볼 수 없다.
   ② 언니가 동생보다 한 뼘 정도 더 크다.
   ③ 천 길 낭떠러지 아래 소나무가 서 있다.
   ④ 천 리 길도 한 걸음부터.

2. ① 리 ② 치 ③ 길 ④ 자
3. ① 리 ② 치 ③ 자 ④ 길
4. ① 리 ② 치 ③ 아름, 길 ④ 뼘

66~67쪽

1. ① 방울토마토 세 근을 5000원에 샀다.
   ② 양파 두 관을 사서 장아찌를 담갔다.
   ③ 한약방에서 감초 한 냥을 샀다.
   ④ 할머니께서 손자 돌 선물로 한 돈짜리 금반지를 가져오셨다.

2. ① 근 ② 돈 ③ 냥 ④ 관
3. ① 근 ② 근 ③ 관 ④ 냥 ⑤ 돈
4. ① 근 ② 관 ③ 돈 ④ 냥